IF YOU LOVE
OUR WORLD,
YOU WILL
LOVE GOD.

IF YOU LOVE OUR WORLD, YOU WILL PRAY FOR PEACE

IF YOU LOVE
OUR WORLD,
YOU WILL
LOVE NATURE

IF YOU LOVE OUR WORLD, YOU WILL LOVE PEOPLE

IF YOU LOVE OUR WORLD, YOU WILL DEMAND FOR JUSTICE
STOP BULLYING
STOP BULLYING

12
9
3
6
IF YOU LOVE
OUR WORLD,
YOU WILL
LOVE YOUR
TEACHERS

IF YOU LOVE
OUR WORLD,
YOU WILL
LOVE YOUR
NEIGHBOR

IF YOU LOVE
OUR WORLD,
YOU WILL
LOVE AND
CARE FOR
ANIMALS

IF YOU LOVE OUR WORLD, YOU WILL LOVE MOMMY AND DADDY

IF YOU LOVE
OUR WORLD,
YOU WILL
LOVE YOUR
BROTHER AND
SISTER

IF YOU LOVE OUR WORLD, YOU WILL RECYCLE WASTE

IF YOU LOVE
OUR WORLD,
YOU WILL
OBEY THE
LAW
STOP

IF YOU LOVE
OUR WORLD,
YOU WILL
KEEP YOUR
ENVIROMENT
CLEAN

IF YOU LOVE OUR WORLD, YOU WILL NOT WASTE FOOD

IF YOU LOVE OUR WORLD, YOU WILL GIVE TO THE POOR

IF YOU LOVE OUR WORLD, YOU WILL FORGIVE THOSE THAT OFFEND YOU

IF YOU LOVE OUR WORLD, YOU WILL SHARE WHAT YOU HAVE.
Augustus

IF YOU LOVE OUR WORLD, YOU WILL BE NICE TO PEOPLE

IF YOU LOVE OUR WORLD, YOU HELP THOSE IN NEED

IF YOU LOVE OUR WORLD, YOU WILL DONATE FOR GOOD CAUSE
Donate
DONATE

IF YOU LOVE OUR WORLD, YOU WILL FIGHT TO END HUNGER
soup

IF YOU LOVE OUR WORLD, YOU WILL BE KIND TO PEOPLE

IF YOU LOVE OUR WORLD, YOU WILL BE FRIENDLY AND POLITE

IF YOU LOVE OUR WORLD, YOU WILL BE RESPECTFUL

IF YOU LOVE
OUR WORLD,
YOU WILL NOT
POLLUTE THE
ENVIROMENT

IF YOU LOVE OUR WORLD, YOU WILL NOT BULLY

IF YOU LOVE OUR WORLD, YOU WILL LOVE LITTLE CHILDREN

THE END